格古要论

（明）曹昭·撰

中华书局

前　言

道家传说壶中别有天地，因常以"一壶"喻宇宙或仙境。唐以后也用壶中天地代称小园林，寓指园林虽小却无所不有。无论是园林还是居室陈设、主人把玩清赏之物，都可小中见大，自显乾坤。

造个环境清幽安静的园子，有琪花瑶草可畅神怡情，有红袖可添香，有古物书画可鉴赏……在诗意中消遣生活，这大概是历来文人雅士们最为向往的吧。

"上士爱清辉，开门向翠微。抱琴看鹤去，枕石待云归"是文人雅士钟爱的生活环境，承载着他们的审美情趣。明代计成就是一位能将这种理想完美呈现的造园大师，他所撰写的《园冶》是中国历史上第一部全面系统总结和阐释造园法则与技艺的著作。从选址、规划与设计建筑物、叠山理水、铺装地面、选择石材和借景等方面对中国古代造园的各环节作了深入具体的总结和阐述。书中提出的"虽由人作，宛自天开""巧于因借，精在体宜"的观点，深得中国古代造园理论之精髓。

与《园冶》合称中国古代园林著作双璧的《长物志》是晚明文震亨所撰。《长物志》中直接有关园艺的有室庐、花木、水石等五志，另外有书画、器具、香茗等七志，也是园林生活、园林环境的一部分，折射着文震亨雅、古、隐的审美追求。

香令人幽，诗意生活岂可无香？从屈子的"畦留夷与揭车兮，杂杜衡与芳芷"，到"月色灯光满帝都，香车宝辇隘通衢"，用香早已渗透在国人社会生活的方方面面，甚至成为生活美学的一个门类，美化着人们的生活。宋陈敬撰《新纂香谱》，记载了香品产地、宋代及以前社会用香概况、香药与熏香料配方、香料的收藏方法，并收录了与香有关的文人创作。

金石鼎彝令人古，诗意生活怎可缺少清供雅玩？明代曹昭撰《格古要论》是中国现存最早的文物鉴定专著，描述古物特征，品评优劣，鉴别真伪，完备的体系，丰富的门类，让您一窥文物鉴赏之门径。

以上诸书内容，大多无关生活实用，只是文人雅士诗意生活取向的表达。希望在品读中能让您从尘世俗网中超拔出来，开辟一块心灵的净地，若能日涉成趣，自有清气存焉。

中华书局编辑部

2020 年 11 月

目 录

卷上

卷中

卷下

卷

上

古铜器论

古铜色

铜器入土千年，色纯青如翠；入水千年，色纯绿如瓜皮。皆莹润如玉。未及千年，虽有青绿而不莹润。有土蚀穿剥处，如蜗篆自然。或有斧凿痕，则伪也。器厚者止能秀三分之一，或减半，其体还重；器薄者铜将秀尽，有穿破处，不见铜色，惟见青绿，彻骨其中，或有红色如丹。不曾入水土、惟流传人间者，其色紫褐，而有朱砂斑垤起，如上等辰砂。此三等结秀最贵。有如蜡茶色者，有如黑漆色者，在水土年近，虽秀，不能入骨，亦不莹润，此皆次之。

尝考西汉铜钱，至今一千五百余年，虽有青绿，而少莹润，亦无朱砂斑垤起者。汉印亦然。今所见古铜器，青绿剥蚀彻骨，莹润如玉，及有朱砂斑垤起者，非三代时物无此也。

伪古铜

用酽醋调硇砂末，匀傅新铜器上，候成蜡茶色，或漆色，或绿色，入水浸后，用糯稻草烧烟熏之，以新布擦光，或棕刷刷之。伪朱砂斑以漆调朱为之。然俱在外，不能入骨，最易辨也。

三代器

　　夏尚忠，商尚质，周尚文，其制器亦然。商器质素无文，周器雕篆细密，而夏器独不然。常有夏器，于铜上相嵌以金，其细如发，夏器大抵皆然。"相嵌"，今讹为"商嵌"。《诗》云："追琢其章，金玉其相。"

古铸

　　古之铸器，以蜡为模，花纹细如发而匀净分晓，识文笔画如仰瓦而不深峻，大小深浅如一，并无砂颣，此乃作事之精致也。其款识稍有模糊、不匀净及样范不端正者，必野铸也。

古铜款识

　　或云：款乃花纹，以阳识器皿，居外而埒；识乃篆字，以纪功，所谓铭书钟鼎，居内而坳。三代用阴识，其字坳入；汉用阳识，其字埒起，间有坳者。盖阴识难铸，阳识易成，但有阳识者，决非三代器也。

古香炉

上古无香，焚萧艾、尚气臭而已，故无香炉。今所用者，皆古之祭器、鼎彝之属，非香炉也。惟博山炉，乃汉太子宫中所用香炉也，香炉之制始于此。多有象古新铸者，当以体质、颜色辨之。

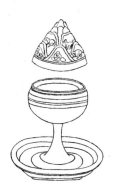

古镜

古人铸镜，必用青铜，制作精致。惟唐镜纽最高大，故谚云"唐大鼻"。

古器辟邪

　　古铜器多能辟祟，人家宜宝之。盖山精木魅之能为祟者，以历年多尔。三代钟鼎彝器历年又过之，所以能辟祟。其十二时镜能应时自鸣，此古灵异器也。

古瓶养花

　　古铜器入土年久，受土气深，用以养花，花色鲜明如枝头，开速而谢迟，则就瓶结实。陶器亦然。

古画论

六法三品

谢赫云:"画有六法:一曰气韵生动,二曰骨法用笔,三曰应物象形,四曰随类傅彩,五曰经营位置,六曰传模移写。"六法精论,万古不移。自"骨法用笔"以下五法,可学而能;如其"气韵",必在生知,固不可以巧密得,复不可以岁月到。默契神会,不知然而然也。故气韵生动出于天成、人莫窥其巧者,谓之神品;笔墨超绝、傅染得宜、意趣有余者,谓之妙品;得其形似、不失规矩者,谓之能品也。

辨古名画

佛道有福聚端严之像，人物有顾盼语言之意，衣纹、树石用笔类书：衣纹大而调畅，细而劲健，有卷折飘举之势；树分老嫩，屈节皴皮；石看三面，皴皴老润。山水林泉，幽闲深远，有四时朝暮、风雨晦明、云烟出没之景。水源来历分明，汤汤若动。桥道往来，野径萦回，屋庐深邃，一斜一直，折算无亏。鱼龙有游泳升降之势，花果阴阳向背，带露迎风。飞禽走兽，饮啄动静，精神夺真。有如此者，定知名手也。

古画真迹难存

董源、李成，近代人耳，所画犹稀如星凤，况晋唐名贤真迹，其可得见之哉？尝考其故，盖古画纸绢皆脆，如常舒卷，损坏者多。或聚于富贵之家，一经水火丧乱，则举群失之，非若他物，犹有散落存者。

书画一法

古人云：“画无笔迹，如书之藏锋。”常见赵魏公自题己画云：“石如飞白木如籀，写竹应须八法通。”正所谓“书画一法”也。

画山水皴皲

画山石，有披麻皴、乱斧凿痕皴、芝麻皴、雨点皴、骷髅皴、鬼面皴、弹涡皴。有泼墨、矾头、凌面。用笔有老润者，有恬洁者。描人物，有铁线笔、兰叶笔、游丝笔、颤笔，亦各师一家，但调畅劲健为佳。

士夫画

　　赵子昂问钱舜举曰："如何是士夫画?"舜举答曰:
"戾家画也。"子昂曰:"然。余观唐之王维,宋之李成、
郭熙、李伯时,皆高尚士夫,所画与物传神,尽其妙
也。近世作士夫画者,缪甚矣。"

古画用笔设色

古人用笔圆熟，傅色入绢素，思大神妙，愈玩愈妍，虽年远破旧，亦精神。后人作者，色墨皆浮于缣素之上，全无精彩，初观可取，久则意尽矣。

古画绢色

　　古画绢色淡黑，自有一种古香可爱，惟佛像香烟薰黑者多伪。作者取香烟沥，或灶烟脂，捣碎煎汁染绢，其色黄而不精彩。古绢自然破者必有鲫鱼口，须连三四丝，不直裂。伪作者则否，其绢亦新。

古画绢素

唐绢丝粗而厚，或有捣熟者。有独梭绢，阔四五尺余者。五代绢极粗，如布。宋有院绢，匀净厚密，亦有独梭绢，有等极细密如纸者。但有稀薄者，非院绢也。元绢类宋绢，有独梭绢，出宣州；有宓机绢，极匀净厚密，嘉兴魏塘宓家，故名宓机。赵松雪、盛子昭、王若水多用此绢作画。

院画

宋画院众工凡作一画，必先呈稿，然后上真。所画山水、人物、花木、鸟兽，种种臻妙。

无名人画

无名人画有甚佳者。今人以无名命为有名，不可胜数，如见牛即戴嵩，见马即韩幹，尤为可笑。

没骨画

尝有一图，独梭熟绢，黄筌作榴花百合。皆无笔墨，惟用五彩布成。其榴花一树百余花，百合一本四花。花色如初开，极有生意，信乎神妙也。

名画无对轴

　　李成、范宽、苏东坡、米南宫父子，皆高尚士夫，以画自娱。人家遇其适兴，则留数笔，岂能有对轴哉？今人以孤轴为慊，不足与之言画矣。

御府书画

　　徽宗御府所藏书画最多，俱是御书标题，后用宣和玉瓢御宝。于中多有临摹者，未可尽以为真，收者仔细辨之。

画难题名

米南宫云："范宽师荆浩。王诜尝以二画见送，题勾龙爽。因重背入水，于石上有'洪谷子荆浩笔'字样，全不似宽。后于丹徒僧房见有一轴山水，与浩一同，于瀑泉边题'华原范宽'，乃少年所作，信荆浩弟子也。以一画易之，以示鉴者。"以此论之，画难题名也。

题跋画

古人题画书于引首，宋徽庙御书题跋亦然，故宣和间背书画，用黄绢引首也。近世多书于画首，赵松雪云："画至近世，遭一劫也。"

装背画

画不脱落，不宜重背，一背则一损精神。墨迹法帖亦然。边道破碎，必用补葺，不可裁去，裁则损画多矣。

王维画

　　王维字摩诘，家居蓝田辋川。尝作《辋川图》，山峰盘回，竹树潇洒，石小劈斧皴，树梢雀爪，叶多夹笔。描画人物，眉目分明，笔力清劲。张彦远云：王维画，得兴处不问四时，如画花，往往以桃杏、芙蓉、莲花同作一景；画《袁安卧雪图》，有雪里芭蕉。此乃得心应手，意到便成，故造理入神，迥得天真，难与世俗论也。

李思训画

  李思训，唐宗室也。善画设色山水，笔法遒劲，涧谷幽深，峰峦明秀。石用小劈斧，树叶用夹笔。尝作金碧图障，笔格艳丽，雅有天然富贵气象。子昭道，画亦如父，故世称大李将军、小李将军也。

李伯时画

　　李公麟字伯时，号龙眠居士。其画但作水墨，不曾设色，画无笔迹。凡有笔迹重浊者，皆伪也。独用澄心堂纸为之，惟临摹古画，有用绢著色者。

董源画

　　董源，江南人。其山峭拔高耸，从脚至顶，转折分明。其石若披麻，其水縠纹，树多亭直，叶单、夹笔兼之。喜多作人物，设色效李思训。其溪桥洲渚，咸有生意，一片江南景也。

李成画

　　李成字咸熙，营丘人。善山水。初师关仝，颖悟融变，思清格老，有以过之。世绝无其画，故不细论也。

郭熙画

郭熙山水，其山耸拔盘回，水源高远。多鬼面石、乱云皴、鹰爪树，松叶攒针，杂叶夹笔、单笔相半。人物以尖笔带点凿，绝佳。自著《山水训》，议论卓绝，千古可规。

苏东坡画

东坡画竹，从地一直起至顶，未曾逐节分。以浓淡墨分叶背面。作枯木，虬屈无端，石皴硬奇怪，如胸中盘郁也。

米氏画

米芾字元章，山水学董源，天真发露，怪怪奇奇。子元晖，略变父法，自成一家，烘锁点缀，草草而成，不失天真也。画纸不用胶矾，不肯于绢上画，临摹古画有用绢者。

李唐画

　　李唐善山水，初法李思训，其后变化，愈觉清新。多喜作长图大障。其石大劈斧皴，水不用鱼鳞、穀纹，有盘涡动荡之势，观者神惊目眩，此其妙也。

马远画

马远师李唐，下笔严整。用焦墨作树石，树叶夹笔，石皆方硬。以大劈斧带水墨皴。其作全境不多，其小幅，或峭峰直上而不见其顶，或绝壁直下而不见其脚，或近树参天而远山低、孤舟泛月而一人独，此边角之境也。

夏珪画

夏珪善山水，布置皴法与马远同，但其意尚苍古而简淡，喜用秃笔，树叶间夹笔，楼阁不用尺界画，信手画成，突兀奇怪，气韵尤高。

高士安画

　　高士安字彦敬，回鹘人。居官公暇，登山赏览。其湖山秀丽，云烟变灭，蕴于胸中，发于毫端，自然高绝。其峰峦皴法董源，云树学米元章，品格浑厚，元朝第一名画也。

　　历代画者不可胜数，略取数人家法，以俟知者。

古墨迹论

真行草墨迹

　　真、行、草书之法，姜白石《书谱》论之备矣。凡辨古人墨迹，当观其用笔。虽体制飘逸、典重不同，其法一也。如真书，宜逐笔拆看，不可全以体制、纸色言之。

响榻

　　响榻伪墨迹，用纸加碑帖上，向明处，以游丝笔圈却字画，填以浓墨，谓之"响榻"。然圈隐隐犹存，其字亦无精彩。

古帖难辨

唐萧诚伪为古帖，示李邕曰："右军真迹。"邕欣然曰："是真物。"诚以实告，邕复视，曰："细看亦未能好。"以此论之，古人墨迹，未易辨也。

古墨迹纸色

　　古墨迹纸色必表古而里新，赝作者用古纸浸汁染之，则表里俱透。微揭视之，乃见矣。

古纸

北纸用横帘造，纹必横，其质松而厚；南纸用竖帘，纹竖。若"二王"真迹，多是会稽竖纹竹纸。

唐有麻纸，其质厚；有硬黄纸，其质如浆，润泽莹滑，用以书经，故善书者多取其作字。今有"二王"真迹用硬黄纸者，皆唐人仿书也。五代有澄心堂纸，宋有观音纸、匹纸，长三丈；有彩色粉笺，其质光滑，苏、黄多用是作字。元亦有彩色粉笺，有蜡笺、彩色花笺、罗纹笺，皆出绍兴；有白箓纸、清江纸、观音纸，出江西。赵松雪、巙巙子山、张伯雨、鲜于枢多用此纸。有倭纸，出倭国，以蚕茧为之，细白光滑之甚。余尝见宋徽庙御笔书《千文》一轴，其纸首尾长五丈奇，信乎"匹纸三丈"也。

古碑法帖论

兰亭帖

《兰亭帖》，世以定武本为第一，金陵清凉本为第二。其定武本，薛向（师正）别刻石易去。大观中，于薛向家取入禁中。建炎南渡，不知存亡。清凉本，洪武初因寺入官，其石留天界寺。住持僧金西白盗去，后事发，其僧系狱死，石遂不知所在。

淳化阁帖

宋太宗搜访古人墨迹，于淳化中，命侍书王著用枣木板摹刻十卷于秘阁，各卷尾篆书题云："淳化三年壬辰岁十一月六日奉圣旨摹勒上石。"上有银锭纹，用澄心堂纸、李庭珪墨拓打，手揩之而不污。乃亲王、大臣则赐一本，人间罕得。今世人所有，皆转相传摹者。

绛帖

　　尚书潘师旦用《淳化阁帖》增入别帖，重摹刻二十卷于绛州，北纸北墨，极有精神，在《淳化阁帖》之次。其石比《淳化帖》本高二字。

东库本

世传潘氏子析居，法帖石分为二。其后绛州公库乃得其上十卷，绛守重刻下十卷，足之一部，名"东库本"。其家复重刻上十卷，亦足一部。于是绛州有公、私二本。靖康兵火，石并不存。后金人重摹者，天渊矣。

潭帖

《淳化帖》颁行，潭州摹刻一本，与《绛帖》雁行。庆历间僧希白重摹本亦佳。绍兴间第三次重摹者失真矣。

太清楼帖

　　大观间，奉旨以御府所藏真迹重刻于太清楼，与《淳化帖》有数帖多寡不同，其中有《兰亭帖》。皆蔡京标题，卷尾题云"大观三年正月一日奉圣旨摹勒上石"。

元祐秘阁续帖

元祐中，奉旨以御府所藏真迹，除《淳化帖》外，刻续法帖耳。

汝州帖

《汝州帖》乃摘诸帖中字牵合为之，每卷后有汝州印。后会稽重摹，谓之《兰亭帖》。

淳熙秘阁续帖

淳熙间，奉旨以御府珍储刻石禁中，卷尾题云："淳熙[十]二年乙巳岁二月十五日修内司恭奉圣旨摹刻上石。"

二王帖

《二王帖》，许提举闲刻于临江，摹勒极精。

甲秀堂帖

《甲秀堂帖》，庐江李氏刻。前有王、颜书，多诸
帖未见；后有宋人书，亦多。

星凤楼帖

《星凤楼帖》，尚书赵彦约刻于南康。虽众刻重摹，而精善不苟。

群玉堂帖

《群玉堂帖》，韩侂胄刻，所载前代遗迹多，亦有宋人者。

宝晋斋帖

《宝晋斋帖》，曹之格摹刻。《星凤》之子，在诸帖为最下。

南北碑纸墨

北墨多用松烟，色青；北纸横纹，其质松厚，不甚染墨，拂之如薄云过青天，凡北碑皆然，不用油蜡。南碑用油烟，墨色纯黑，用油蜡。碑文赝墨皆仿此。

卷
中

古琴论

断纹琴

古琴以断纹为证，不历数百年不断。然断纹有数等：有蛇腹断，其纹横截琴面，相去或寸许，或寸半；有细纹断，如发千百条。或有底、面皆断者。又有梅花断，其纹如梅花头，此最为古。然虽古而有断纹，不清实脆透者，又有病者，亦不为奇也。

伪断纹

用琴于冬日内晒，或以猛火烘琴极热，以雪罨，激裂之，然漆色还新。

古琴色

古琴历年既久，漆光尽退，其色如乌木，此最奇古也。

唐宋琴

唐时雷文、张越二家，制琴得名。其龙池、凤沼间有铉，余处悉洼，令关声而不散。宋时置官局制琴，其琴俱有定式，长短大小如一，故曰"官琴"。但有不如式者，俱是野斫。然伪斫者多，宜仔细辨之。

百衲琴

尝见一琴，列子样者，其面用阔一寸许桐木条以漆胶成，断纹尤多。弹之，声如常，亦无节病。

古琴阴阳材

　　古琴阴、阳材，盖桐木面日者为阳，背日者为阴。不论新旧桐木，置之水上，阳面浮，阴必沉，反覆不易。阳材琴旦浊而暮清，晴浊而雨清；阴材琴旦清而暮浊，晴清而雨浊。此可验也。

纯阳琴

底、面俱用桐木，谓之纯阳琴。古无此制，近世为之，取其暮夜、阴雨弹之声不沉。然不能达远，声不实也。

古琴样

古琴惟夫子、列子二样合古制，若太古琴，以一段木为之。近有云和样，其样不一，皆非古制也。

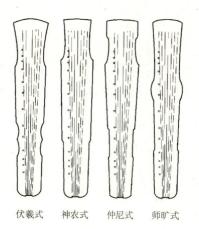

伏羲式　神农式　仲尼式　师旷式

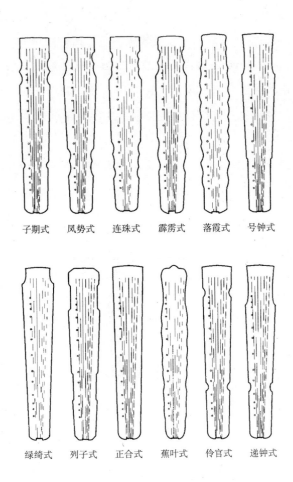

子期式　凤势式　连珠式　霹雳式　落霞式　号钟式

绿绮式　列子式　正合式　蕉叶式　伶官式　递钟式

琴卓

琴卓须用维摩样，高二尺八寸，可入膝于卓下。阔可容三琴，长过琴一尺许。卓面郭公砖最佳，玛瑙石、南阳石、永石者尤好。如用木者，须用坚木，厚一寸许则好，再三加灰漆，以黑光之。

古砚论

端溪下岩旧坑石

端溪石出肇庆府。端溪下岩旧坑卵石，色黑如漆，细润如玉，有眼，眼中有晕。六七眼相连，排星斗像。此岩庆历间坑已竭。又有一种卵石，去膘方得，材色青黑，细润如玉，有青花如箸头，大似碧石，青莹；或有白点如粟，排星斗像，水湿方见。皆扣之无声，磨墨亦无声，此二种石最贵。下岩止有一坑，出此漆黑、青花二种石，其色未尝紫也。别无新坑。

端溪中岩旧坑、新坑石

端溪中岩旧坑亦卵石，色紫如嫩肝，细润如玉。有眼，小如绿豆，或有绿绦纹，或有白绦纹。竖而圆者为眼，横而长者为绦。扣之无声，磨墨亦无声，此种石亦贵。外有黄膘包络，久用锋铓不退。北宋时此坑取亦竭矣。

中岩新坑石色淡紫，眼如鹯鹊，眼中有晕。嫩者扣之无甚声，磨墨微有声，久用锋铓退乏。石有枯润，润者亦难得。此石比下岩低三等矣。

端溪上岩旧坑、新坑石

端溪上岩旧坑、新坑，石皆灰色，紫而粗燥。眼如鸡眼大，扣之、磨墨皆有声，久用光如镜面。旧坑稍胜新坑。

惟端石有眼，古云"无眼不成端"。其眼有活眼、泪眼、死眼。活眼胜泪眼，泪眼胜死眼。又云"眼多，石中有病"。

歙溪龙尾旧坑、新坑石

歙溪石出歙县龙尾溪。旧坑亦卵石，色淡青黑，无纹，细润如玉。水湿微紫，或隐隐有白纹，成山水、星月异像，干则否。大者不过四五寸，多作月砚，就其材也。或有纯黑者。此石最贵，不减端溪下岩。南唐时始开，至宋取尽矣。

龙尾溪新坑，色亦青黑，质粗燥。有极大者，盈二三尺。

歙溪罗纹、刷丝、金银间刷丝、眉子新、旧坑石

　　四品旧坑皆青黑色，纹细而润如玉。罗纹如细罗纹，刷丝如发密，金银间刷丝亦细密，眉子如甲痕，或如蚕大。亦南唐时开，至北宋无矣，贵重不减龙尾旧坑。

　　四品新坑，质并枯燥，纹亦粗。眉子或长二三寸，刷丝每条相去一二分，罗纹如罗纹，大者盈二三尺。

金星旧坑、新坑石

金星旧坑、新坑石，淡青色，并粗燥。大者盈尺，久用退乏。

银星旧坑、新坑石

银星旧坑、新坑石，并粗燥，淡青黑色，有星处不堪磨墨。多侧取为砚，久用退乏如镜面。大者盈尺。

万州金星石

　　万州悬崖金星石，质亚端溪下岩，色漆黑，细润如玉，水湿金星则现，干则否。极发墨，久用不退乏，非歙比也。

洮河石

洮河绿石色绿如蓝，润如玉，发墨不减端溪下岩。出临洮大河深水底，甚难得。今有绿石砚名洮石者，多是漆石之表，或长沙山谷石也。漆石润而光，不受墨。

铜雀砚

铜雀台瓦入水经年之久，故滋润发墨。世多伪者。

未央砚

未央宫瓦亦注水经久不涸，好事者以为砚。

珍奇论

玉器

玉出西域于阗国，有五色，利刀刮不动，温润而泽，摹之灵泉应手而生。凡看器物，白色为上，黄色、碧色亦贵，更碾琢奇巧敦厚者尤佳，有瑕玷、敲动、夹石及色不正、欠温润者价低。

白玉。其色如酥者最贵，但餐色即饭汤色、油色及有雪花者，皆次之。

黄玉。如粟者为贵，谓之甘黄玉，焦黄者次之。

碧玉。其色青如蓝黑者为贵，或有细墨星者、色淡者次之。

墨玉。其色黑如漆，又谓之墨玉，价低。西蜀亦有。

赤玉。其色红如鸡冠者好，人间少见。

绿玉。深绿色者为佳，色淡者次之。

甘青玉。其色淡青而带黄。

菜玉。非青非绿，色如菜叶，玉之最低者。

古玉

古玉器物，白玉上有红如血，谓之"血古"，又谓之"尸古"，最佳。青玉上有"黑漆古"、有"渠古"、有"甄古"者价低。尝见菜玉联环上俨然黄土一重，并洗不去，此土古也。

沙子玉

　　此玉罕得，比之白玉，此玉粉红润泽，多作刀靶、环子之类，少有大者。

罐子玉

　　雪白罐子玉，系北方用药于罐子内烧成者。若无气眼者，与真玉相似；但比真玉则微有蝇脚，久远不润，且脆甚。

石类玉

　　有茅山石，白而有光。有水石，冷白色，或有水
路，或有饭糁色者。好者与真玉相似，虽刀刮不动。
终有石性，不温润，宜细验之。

玛瑙器

玛瑙多出北方，南蕃、西蕃亦有。非石非玉，坚而且脆，快刀刮不动。凡看碗盏器皿，要样范好、碾得薄、不夹石者为佳，其中有人物、鸟兽形者最佳。有锦红花者，谓之锦红玛瑙；有漆黑中一线白者，谓之合子玛瑙；有黑白相间者，谓之截子玛瑙；有红白杂色如丝相间者，谓之缠丝玛瑙，此几种皆贵。有淡水红者，谓之浆水玛瑙；有紫红花者，谓之酱斑玛瑙；有海蛰色者、鬼面花者，皆价低。凡器物，刀靶事件之类，看景好、碾琢工夫及红多者为上，古云"玛瑙无红一世穷"。

柏枝玛瑙

浆水玛瑙色内有花纹如柏枝，故谓之柏枝玛瑙，亦可爱。

水晶

古云:"千年冰化为水晶。"其性坚而脆,刀刮不动,色白如冰,清明而莹,无纤毫瑕玷击痕者为佳。凡器皿碗盏,素者为好,但碾花者必有节病。

出处多。倭水晶第一,南水晶白,北水晶黑,信州水晶浊。

硝子

假水晶，用药烧成者，色暗青，有气眼。或有黄青色者，亦有白者，但不洁白明莹。

玻璃

　　出南蕃，有酒色、紫色、白色者，与水晶相似。器皿皆多碾雨点花儿者是真。其用药烧者入手轻，有气眼，与琉璃相似。

犀角

出南蕃、西蕃，云南亦有。成株肥大、花儿好及正透者价高，成株瘦小、分两轻、花儿不好者，但可入药用。

其纹如鱼子相似，谓之粟纹。每粟纹中有眼，谓之粟明。此谓之山犀。器物要滋润，粟纹绽，花儿好，其色黑如漆、黄如栗，上下相透，云头雨脚分明者为佳。

有通天花纹犀，备百物之形者，最贵。有"重透"者，黑中有黄花，黄中有黑花。有"正透"者，黑中黄花，古云"通犀"。此二等亦贵。有"倒透"者，黄花有黑。此等次之。有花如椒豆斑者，色深，又次之。

有黑犀，无花纯黑者，但可车象棋等物，不甚直钱。

凡犀带，多有角地上贴好犀作面、夹成一片者，可验底面花儿大小远近，更于侧向寻合缝处，可见真伪。

又有原透花儿不齐整，用药染成黑者，则无云头雨脚，黄黑连处，纯黑而不明。但有粟纹不圆者，必是原透花儿不居中，用汤煮软，攒打端正者，不是生犀，宜一一验之。

凡器皿，须要雕琢工夫及样范好。宜频频看之，不可见日，恐燥不润故也。

毛犀

其色与花斑皆类山犀，而无粟纹，其纹理似竹，故谓之"氂犀"。此非犀也，不为奇。

骨笃犀

出西蕃，其色如淡碧玉，稍有黄，其纹理似角。扣之，声清如玉。摩刮嗅之，有香，烧之不臭，能消瘴毒及能辨毒药。又谓之"碧犀"。此等最贵。

珊瑚树

生大海山阳处水底，海人以铁网取之。其色如银朱鲜红、树身高大、枝柯多者为胜，但有髓眼及淡红色者价轻。此物贵贱并随真珠。枝柯有朽断者，用钉梢定，镕红蜡粘接，宜仔细看。如有零碎材料，每两直价万余。

琥珀

出南蕃、西蕃，乃枫木之精液多年化为琥珀，其色黄而明莹润泽，其性若松香。色红而且黄者谓之"明珀"，有香者谓之"香珀"，鹅黄色者谓之"蜡珀"，此等价轻。深红色者谓之"血珀"，此出高丽、倭国。其中有蜂蚁、松枝者甚可爱。此物于皮肤上揩热，用纸片些少离寸许，则自然飞起。假者以羊角染色为之。

猫睛

　　出南蕃，性坚，黄如酒色。睛活者中间一道白，横搭转侧分明，与猫儿眼睛一般者为好；若睛散及死而不活者，或青黑色者，皆不为奇。大如指面者尤佳，小者价轻。宜相嵌用。

石榴子

出南蕃，类玛瑙，颜色红而明莹，如石榴肉相似，故谓之"石榴子"。宜相嵌用。

南珠

出南海蚌中，南蕃者好，广西者易黄。要身分圆及色白而精光者价高，以大小、粒数等分两定价。古云"一圆二白"，又云"一颗圆，十颗钱"。

北珠

　　出北海，亦论大小、分两定价。看身分圆转、身青色、披肩结顶者价高，如骨色、粉白、油黄、浑色者价低。

砗磲

砗磲形似蚌，极厚大，色白，有纹理。不甚直钱。

玳瑁

出南蕃大海中，白多黑少价高，黑斑多者不为奇。有黄紫者，用龟筒夹玳瑁黑点儿，宜细验之。

龟筒

出南蕃海中，其色似玳瑁而无斑。

象牙

出南蕃、西蕃及广西、交趾皆有。南蕃者长大，广西、交趾者短小。新锯开，粉红色者为佳。

龙涎

出大食国。无香，有脉。色白者如百药煎而腻理，黑者亚之，如五灵脂而光泽。能发众香，故用以合香。

金刚钻

出西蕃深山之高顶，人不可到，乃鹰隼打食在上，同肉吃于腹中，却于野地鹰粪中获得。看大小定价。如辨真伪，于炭火中烧红，入酽醋中浸之，假者疏而易碎，真者乃硬而可用。如失去，和灰土扫在乳钵内擂之，响者是也。

鹦鹉杯

即海螺，出广南。土人雕磨，类鹦鹉，或用银相足，作酒杯，故谓之"鹦鹉杯"。鸬鹚勺亦海螺。俱不甚直钱。

鬼功石

尝有戒指，嵌玛瑙一块，面上碾成十二支生肖，其纹细如发，似非人功，故谓之"鬼功石"，又曰"鬼国石"。

鬼功毬

尝有象牙圆毬儿一个，中直通一窍，内车数重，皆可转动，故谓之"鬼功毬"。或云宋内院中作者。

金铁论

金

出南蕃、西蕃、云南、高丽等处沙中。南蕃瓜子金、麸皮金，皆生金也；云南叶子金、西蕃回回钱，此熟金也。

其性柔而重，色赤。足色者面有椒花、凤尾及紫霞。如和银者，性柔，石试色青，火烧不黑；和气子者，即红铜，又名张公，又名身子。石试有声而落屑，色赤而性硬，火烧黑色。古云"金怕石头银怕火"，其色七青、八黄、九紫、十赤，以赤色为足色金也。

紫金

古云半两钱即紫金，今人用赤铜和黄金为之。然世未尝见真紫金也。

金诈药

用焰硝、绿矾、盐留窑器内，入净水调和，火上煎，色变则止。然后刷上金器物，烘干，留火内略烧焦色，急入净水刷洗。如不黄，再上。然只在外也。

银

出信、处等州山中。足色者成锭，面有金花，次者绿花，又次者黑花，故谓之"花银"。蜂窠内有倒滴而光泽，火烧色不改。又次者松纹。假金花以密陀僧为之，若面有黑斑而不光泽者，必有黑铅在内。九成者火烧后死白，边带灰色。

镔铁

　　出西蕃，面上自有旋螺花者，有芝麻雪花者。凡刀剑器打磨光净，用金丝矾矾之，其花则见，价直过于银。古云"识铁强如识金"，假造者是黑花，宜仔细看验。刀子有三绝：大金水总管刀，一也；西蕃潾鹅木靶，二也；鞑靼桦皮鞘，三也。尝有镔铁剪刀一把，制作极巧，外面起花镀金，里面嵌银回回字者。

卷
下

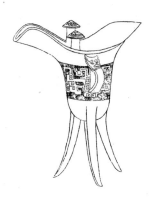

古窑器论

柴窑

出北地，世传柴世宗时烧者，故谓之"柴窑"。天青色，滋润细媚，有细纹。多足粗黄土。近世少见。

汝窑

出北地，宋时烧者。淡青色，有蟹爪纹者真，无纹者尤好。土脉滋媚，薄甚，亦难得。

官窑

宋修内司烧者。土脉细润，色青，带粉红，浓淡不一，有蟹爪纹，紫口铁足。色好者与汝窑相类。有黑土者，谓之"乌泥窑"。伪者皆龙泉烧者，无纹路。

哥窑

旧哥窑色青，浓淡不一，亦有铁足紫口。色好者类董窑。今亦少有。成群队者，元末新烧者，土脉粗燥，色亦不好。

高丽窑

古高丽窑器皿色粉青，与龙泉窑相类，上有白花朵儿者不甚直钱。

古定器

　　古定器土脉细、色白而滋润者贵，质粗而色黄者价低。外有泪痕者是真。划花者最佳，素者亦好，绣花者次之。宣和、政和间窑最好，但难得成群队者。有紫定，色紫；有墨定，色黑如漆。土俱白，其价高如白定。俱出定州。东坡诗云："定州花瓷琢红玉。"凡窑器，茅、篾、骨出者价轻。损曰茅，路曰篾，无油水曰骨出。此卖骨董市语也。

古磁器

好者与定相类，但无泪痕，亦有划花、绣花、素者，价低于定器。新者不足论。

古建器

建碗盏多是氅口，色黑而滋润，有黄兔毫斑，滴珠大者真。但体极厚俗，甚少见薄者。

古龙泉窑

古青器土脉细且薄。翠青色者贵，粉青色者低。有一等盆底双鱼、盆口有铜椶环、体厚者，不甚佳。

古饶器

御土窑者体薄而润，最好。有素折腰样、毛口者，体虽厚，色白且润，尤佳。其价低于定。元朝烧小足印花者、内有"枢府"字者高，新烧者足大素者欠润。有青花及五色花者，且俗甚矣。

霍器

　　出霍州。元朝戗金匠彭君宝效古定制折腰样者，甚整齐，故曰"彭窑"。土脉细白者与定相似。皆滑口，欠滋润，极脆，不甚直钱。卖骨董者称为"新定器"，好事者以重价收之，尤为可笑。

大食窑

　　以铜作身，用药烧成五色花者，与拂郎嵌相似。尝见香炉、花瓶、合儿、盏子之类，但可妇人闺阁中用，非士夫文房清玩也。又谓之"鬼国窑"。

古无器皿

古人吃茶汤俱用盏，取其易干，不留津；饮酒用盏，未尝把盏，故无劝盘。今所见定劝盘，乃古之洗。古人用汤瓶、酒注，不用胡瓶及有嘴折盂、茶钟、台盘，此皆外国所用者，中国始于元朝。汝、定、官窑俱无此器。

古漆器论

古犀毗

古剔犀器以滑地紫犀为贵，底如仰瓦，光泽而坚薄，其色如枣色，俗谓之"枣儿犀"；亦有剔深峻者，次之。福州旧做色黄滑地圆花儿者，多谓之"福犀"，坚且薄，亦难得。嘉兴西塘杨汇新作者虽重数两，剔得深峻，其骨子少有坚者，但黄地者，最易浮脱。

剔红

剔红器无新旧，但看朱厚、色鲜红而坚重者为好，剔剑环、香草者尤佳。若黄地子剔山水、人物及花木、飞走者，虽用工细巧，容易脱起。朱薄而少红者价低。宋朝内府中物多是金银作素者。元末西塘杨汇有张成、杨茂剔红最得名，但朱薄而不坚者多浮起。日本、琉球国极爱此物。

堆红

　　假剔红，用灰团起，外面用朱漆漆之，故曰"堆红"。但作剑环、香草者，多不甚直钱。又曰"罩红"。

戗金

要漆坚、戗得景好为上。元朝初，嘉兴西塘有彭
君宝，甚得名，戗山水、人物、亭观、花木、鸟兽，
种种臻妙。

钻犀

多是宋朝旧做，戗金人物、景致，用钻钻空间处，故谓之"钻犀"。

钿螺

　　旧做及宋内府中物俱是坚漆，或有嵌铜线者，甚佳。江西吉州府新做者多用作料灰，乃猪血和桐油，不坚，易做易坏。

锦绮论

古锦

古有楼阁锦、樗蒲锦（又曰阇婆锦）、紫陀尼、鸾鹊锦。此锦装背古书画尤佳。

刻丝作

刻丝作，宋时旧织者，白地或青地，织诗辞、山水或故事人物、花木、鸟兽，其配色如傅粉，又谓之"颜色作"。此物甚难得。尝有舞裀，阔一丈有余者，且匀紧厚。

纴丝作

纴丝作，新制者，类刻丝作，而欠光净紧厚，不逮刻丝作多矣。又名"著色作"。

古锦帐

阔一丈有余，织《昼锦堂记》《滕王阁记》者多，亦有花竹翎毛者。虽富贵可爱，但可装堂遮壁，非士夫清玩也。

火浣布

　　出西域南炎山，用火鼠毛织者。如染污垢腻，入火烧则洁白。尝有如钱大者，用银相周围，留火上烧香。此物甚难得。

异木论（杂物附）

鹨鶒木

鹨鶒木出西蕃，其木一半紫褐色，内有蟹爪纹；一半纯黑色，如乌木。有距者价高。西蕃作骆驼鼻中绞，捻不染腻。但见有刀靶而已，不见大者。

紫檀木

出海南、广西、湖广。性坚，新者色红，旧者色紫，有蟹爪纹。新者以水揩之，色能染物。

乌木

出南蕃，性最坚。老者纯黑色且脆，间道者嫩。

瘿木

出辽东、山西。树之瘿有桦树瘿，花细可爱，少有大者；柏树瘿大而花粗。

花梨木

　　出南蕃，紫红色，与降真香相似，亦有香。其花有鬼面者可爱，花粗而色淡者低。

骰柏楠

出西蕃马湖，纹理纵横不直，其中有山水、人物等花者价高。四川亦难得。又谓之"骰子香楠"。

竹杖

方竹。出西蜀，杭州飞来峰亦有。节节有刺，蜀人谓之"刺竹"。

湘竹。出广西，斑细而色淡，有晕，中一点紫，与芦叶上斑相似，作箫管最佳。

云竹。出广西，斑极大，色红而有晕。

钗儿竹。出西蜀，其身小节大，似钗，故名“钗儿竹”。

孩儿竹。出西蜀，下有尺许，如猪犬肠。

棕竹。出西蜀、广西，叶如棕榈，其身似竹，坚且实。又名"桃竹"。

皆可作拄杖、扇骨及小器物，芝麻花者为上。

花藤。出广西，身细而斑黑者堪作拄杖，粗者俗。

异石论

灵璧石

出灵璧县，在深山中掘之乃见。其色黑如漆，间有细白纹如玉。有卧砂，不起峰，亦无岩岫。佳者如卧牛、菡萏、蟠螭，扣之声清如玉，快刀刮不动。此石能收香，斋间有之，香烟终日不散。假者多以太湖石染色为之，刀刮成屑。

英石

出英州，如铜矿声。倒生岩下，以锯取之，故底平。起峰二三寸，亦几案间之奇玩。色黑润者佳。

昆山石

出苏州昆山县马靶山深山中，掘之乃得。玲珑可爱，凿成山坡，种菖蒲、花树及穿松树。

太湖石

出苏州太湖。先雕，置急水中舂撞，久之如天成。或用烟熏，色黑。

红丝石

此石类土玛瑙，质粗不润，白地红纹路，并无云头等花。亦可锯板，嵌台卓。大者五六尺，不甚直钱。

永石

出永州，不坚，色青。好者有山水、日月、人物之像，多是刀刮成，非自然者，以手摸之，坳垤可验。紫花者稍胜青花者。锯板，可嵌卓面、屏风。不甚直钱。

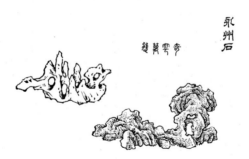

试金石

出蜀中江水内，纯黑色，细润者佳。如上金满，用盐洗去，留于湿地上，少时，用胡桃油揩之，仍上金。宜常用袋盛之。

云母石

出兖州、江州，青黄色，揭薄片，留火上烧香。